CONOCE LA HISTORIA DE ESTADOS UNIDOS

EL CANAL DE PANAMÁ

MARIE ROESSER
TRADUCIDO POR ALBERTO JIMÉNEZ

Gareth Stevens PUBLISHING

ENCONTEXTO

Please visit our website, www.garethstevens.com. For a free color catalog of all our high-quality books, call toll free 1-800-542-2595 or fax 1-877-542-2596.

Library of Congress Cataloging-in-Publication Data

Names: Roesser, Marie, author.
Title: El Canal de Panamá / Marie Roesser.
Description: New York : Gareth Stevens Publishing, [2020] | Series: Conoce la historia de Estados Unidos | Includes index.
Identifiers: LCCN 2019014321| ISBN 9781538250464 (pbk.) | ISBN 9781538250488 (library bound) | ISBN 9781538250471 (6 pack)
Subjects: LCSH: Panama Canal (Panama)--History.
Classification: LCC F1569.C2 R64 2020 | DDC 97.287/5--dc23
LC record available at https://lccn.loc.gov/2019014321

First Edition

Published in 2020 by
Gareth Stevens Publishing
111 East 14th Street, Suite 349
New York, NY 10003

Translator: Alberto Jiménez
Editor, Spanish: Rossana Zuñiga
Editor: Therese Shea

Photo credits: Series art Christophe BOISSON/Shutterstock.com; (feather quill) Galushko Sergey/Shutterstock.com; (parchment) mollicart-design/Shutterstock.com; cover, pp. 1, 15 Everett Historical/Shutterstock.com; p. 5 Will & Deni McIntyre/ The Image Bank/Getty Images Plus/Getty Images; p. 7 dikobraziy/Shutterstock.com; p. 9 Print Collector/ Hulton Archive/Getty Images; p. 11 Courtesy of the Library of Congress; p. 13 Photo 12/ Universal Images Group/Getty Images; p. 17 Bettmann/Getty Images; p. 19 Buyenlarge/Archive Photos/Getty Images; p. 21 Galina Savina/Shutterstock.com; p. 23 DEA/A. DAGLI ORTI/ De Agostini/Getty Images; p. 25 Yingna Cai/Shutterstock.com; p. 27 Diego Grandi/ Shutterstock.com; p. 29 Andreea Dragomir/Shutterstock.com.

Printed in the United States of America

CPSIA compliance information: Batch #CW20GS: For further information contact Gareth Stevens, New York, New York at 1-800-542-2595.

CONTENIDO

Las palabras del glosario se muestran en **negrita** la primera vez que aparecen en el texto.

CANAL DE CONEXIÓN

El canal de Panamá es una vía navegable artificial, situada en Centroamérica, que conecta el océano Atlántico con el Pacífico. De costa a costa, tiene una extensión de unas 40 millas (64 km). Otras rutas comerciales marítimas, disponibles antes de la **construcción** del canal, eran mucho más largas.

SI QUIERES SABER MÁS

Un canal es una vía de agua larga y estrecha construida para transportar, por barco, personas o mercancías, o para llevar agua de un lugar a otro.

ANTES DEL CANAL

Antes de la construcción del canal de Panamá, los barcos que iban de la ciudad de Nueva York a San Francisco, California, o viceversa, debían rodear el extremo de Sudamérica, lo cual representaba una viaje de unas 13 000 millas (20 921 km). Gracias al canal, el viaje se redujo a unas 5 000 millas (8 047 km).

SI QUIERES SABER MÁS

El canal reduce el recorrido de naves y barcos que transportan mercancías entre Europa y la costa oeste de América, así como entre Europa y Asia Oriental.

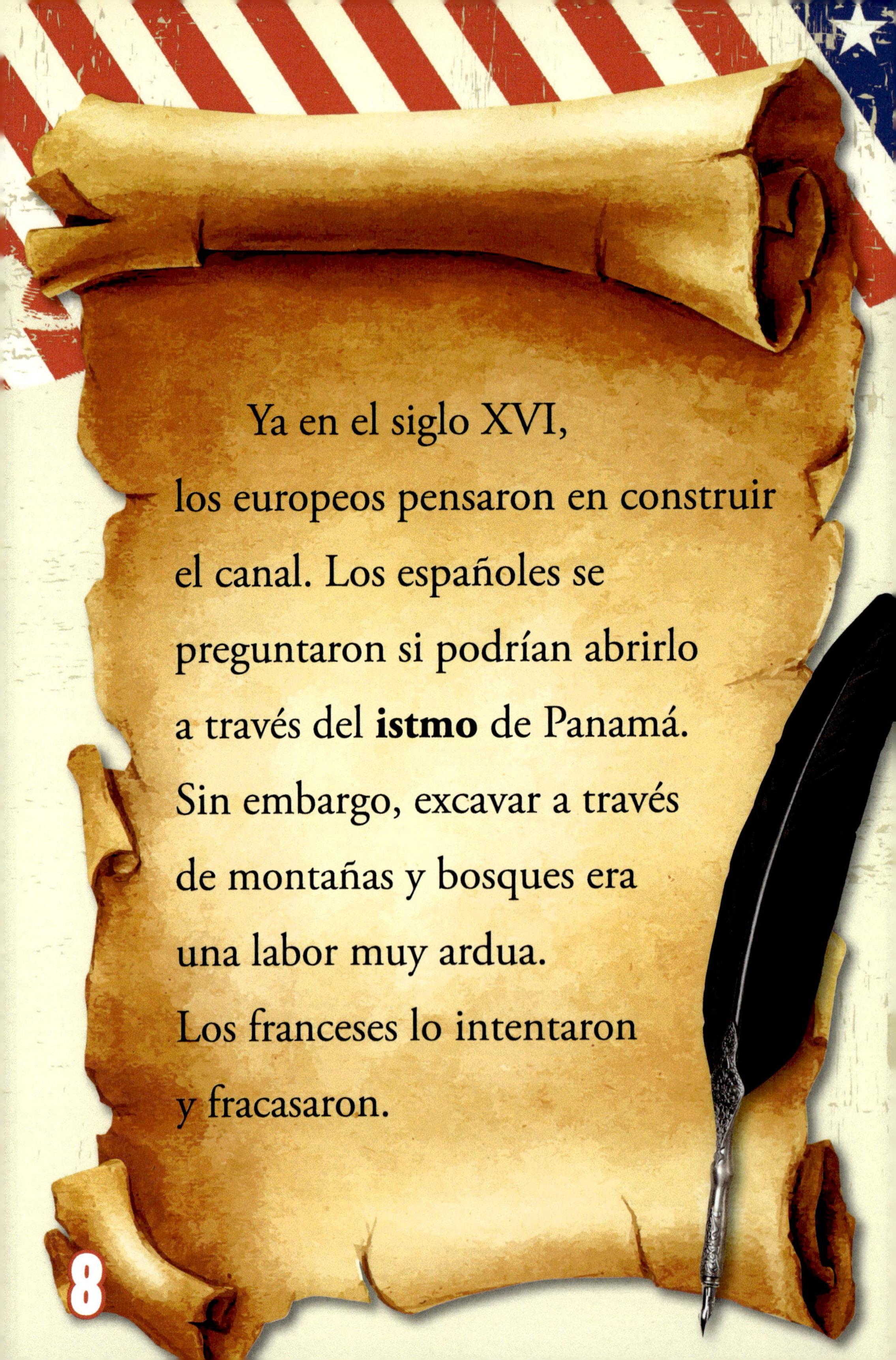

Ya en el siglo XVI, los europeos pensaron en construir el canal. Los españoles se preguntaron si podrían abrirlo a través del **istmo** de Panamá. Sin embargo, excavar a través de montañas y bosques era una labor muy ardua. Los franceses lo intentaron y fracasaron.

SI QUIERES SABER MÁS

Los franceses empezaron a construir el canal a finales del siglo XIX, pero abandonaron el proyecto, debido a las enfermedades contraídas por los obreros, entre otros problemas. Fallecieron cerca de 22 000 trabajadores.

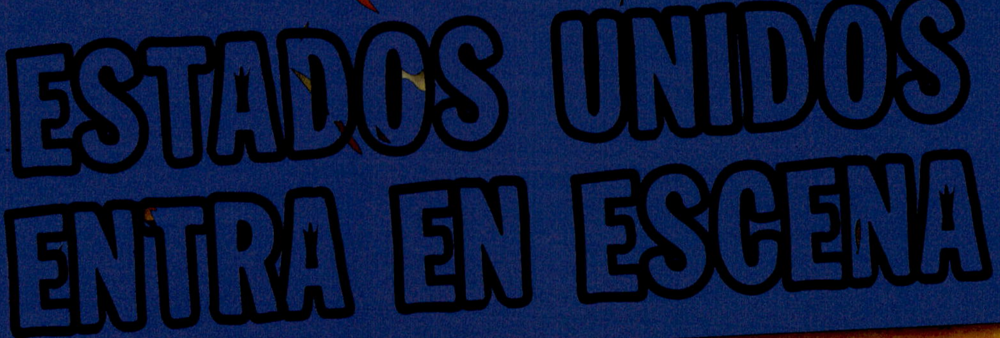

ESTADOS UNIDOS ENTRA EN ESCENA

En 1902, Estados Unidos decidió retomar la construcción del canal donde Francia lo había dejado. Sin embargo, no pudo hacer nada, las tierras que el canal debía atravesar pertenecían a Colombia, y el Gobierno colombiano se negaba a vendérselas.

SI QUIERES SABER MÁS

Estados Unidos e Inglaterra planearon construir un canal a través de Nicaragua, pero no llegaron a realizarlo.

LA REVOLUCIÓN

Los colombianos que no aceptaron la **decisión** del Gobierno, se rebelaron. El presidente estadounidense Theodore Roosevelt envió tropas para apoyarlos. La **revolución** trajo como resultado la fundación de un nuevo país, Panamá. El nuevo gobierno vendió a Estados Unidos las tierras por donde cruzaría el canal.

SI QUIERES SABER MÁS

Estados Unidos aceptó pagar a Panamá 10 millones de dólares por el territorio del canal, más 250 000 dólares anuales por gestionarlo.

UN MAL COMIENZO

Al principio, la construcción del canal iba de mal en peor. Las herramientas que Estados Unidos compró a Francia no funcionaban bien. Peor aún, muchos trabajadores contrajeron la **fiebre amarilla** y la **malaria**. El **ingeniero** jefe renunció a su puesto al cabo de un año.

SI QUIERES SABER MÁS

Durante la construcción del canal se descubrió que la malaria y la fiebre amarilla se transmitían a través de la picadura de ciertos mosquitos.

LUCHAR CONTRA LOS MOSQUITOS

El médico militar estadounidense William Gorgas dirigió la lucha contra las enfermedades. Conocedor de que los mosquitos ponen los huevos en aguas quietas o estancadas, ordenó secar charcas, estanques y lagunas. Se aseguró de que las casas y edificios tuvieran **mosquiteros** y supervisó la construcción de nuevos hospitales.

SI QUIERES SABER MÁS

Gracias al plan de Gorgas, los casos de fiebre amarilla y de malaria disminuyeron drásticamente.

LA GRAN EXCAVACIÓN

Con trabajadores sanos, la verdadera excavación pudo comenzar. Algunos utilizaron palas, otros **grúas**, taladros y **dinamita**. Enormes máquinas excavaron el terreno y descargaron la tierra extraída en trenes que la llevaron a otros lugares. Después, se vertía **concreto** en las esclusas del canal.

SI QUIERES SABER MÁS

A la complejidad de la construcción del canal, hubo que añadir **deslizamientos de tierra**, inundaciones y hasta un **terremoto**.

ESCALONES DE ESCLUSAS

En el canal se construyeron sistemas de esclusas. En cada una hay un compartimento cerrado por dos compuertas, el agua se aumenta o se reduce para subir o bajar el barco, y llevarlo a la siguiente esclusa. Con este sistema de "escalones", el barco puede subir al punto más alto del canal, el lago Gatún.

SI QUIERES SABER MÁS

Hacia la mitad del sistema de esclusas, se creó el lago Gatún, un lago artificial situado a más de 80 pies (24 m) sobre el nivel del mar; la altura media de la superficie de los océanos de la Tierra.

EL FINAL DE LA OBRA

El 10 de octubre de 1913, el presidente Woodrow Wilson presionó un botón en la Casa Blanca, a unas 4000 millas (6437 km) del canal de Panamá. Con ese gesto, un torrente de agua se precipitó al canal, que se inauguró oficialmente el 15 de agosto de 1914.

SI QUIERES SABER MÁS

El canal tuvo un costo de cerca de 380 millones de dólares, la construcción más costosa en la historia de Estados Unidos hasta ese momento.

PROCEDENCIA DEL AGUA

El canal de Panamá necesita gran cantidad de agua. Sus esclusas precisan unos 48 millones de galones de agua (182 millones de litros) para cada embarcación. La mayor parte del agua proviene del lago Gatún, creado durante la construcción del canal, mediante una represa situada a un extremo del río Chagres.

SI QUIERES SABER MÁS

Hoy en día, las esclusas del canal se accionan con ayuda de computadoras y cámaras.

ESPERAR POR UN TURNO

Cerca de 40 buques mercantes atraviesan el canal a diario. El viaje dura entre 8 y 10 horas. Los barcos grandes suelen pagar decenas de miles de dólares, o más, por atravesarlo. En ocasiones, tienen que esperar varios días por un turno para poder pasar por el canal.

SI QUIERES SABER MÁS

El estadounidense Richard Halliburton cruzó a nado el canal de Panamá en 1928, ¡y solo pagó 36 centavos!

UNA MARAVILLA DEL MUNDO

Estados Unidos cedió el control del canal a Panamá, en 1999. En la actualidad, la ampliación de la obra permite el paso de barcos muy grandes llenos de mercancías. El canal de Panamá cambió el mundo de la navegación. Hoy es una de las siete maravillas del mundo moderno.

SI QUIERES SABER MÁS

Cada año atraviesan el canal unos 14 000 buques. Hasta la fecha, lo han cruzado más de un millón.

LÍNEA DEL TIEMPO DEL CANAL DE PANAMÁ

1882
Francia empieza a construir un canal en el actual Panamá.

1889
Francia renuncia a la excavación del canal.

1902
Estados Unidos decide encargarse del canal sin terminar.

1903
Una revolución en Colombia origina un nuevo país: Panamá.

1904
Estados Unidos compra los terrenos del canal a Panamá y se prepara para excavar.

1905
Tras más de un año combatiendo la enfermedad, se registra el último caso de fiebre amarilla.

1909
Comienza la construcción de las esclusas.

1914
El canal se inaugura el 15 de agosto.

1999
Estados Unidos cede el control del canal a Panamá.

2016
Un tercer juego de esclusas permite el paso de más buques.

GLOSARIO

concreto: material de construcción que se obtiene mezclando agua, arena, grava y cemento y que, al fraguar (endurecerse), adquiere mayor dureza y resistencia.

construcción: acto de realizar una obra de arquitectura o ingeniería; o esa misma obra finalizada.

decisión: elección tomada tras reflexionar sobre algo.

deslizamientos de tierra: desplazamiento repentino de rocas y tierra por una ladera.

dinamita: explosivo muy potente.

fiebre amarilla: enfermedad que provoca fiebre y amarillea la piel. Se transmite a través de la picadura de ciertos mosquitos.

grúa: máquina provista de un brazo largo para levantar y mover objetos pesados.

ingeniero: persona que diseña máquinas u obras como puentes, canales, carreteras, etc.

istmo: franja alargada y estrecha de tierra que une dos continentes o una península a un continente.

malaria: enfermedad que causa escalofríos y fiebre. Se transmite por la picadura de ciertos mosquitos.

mosquitero: armazón de tela metálica que se coloca en puertas y ventanas para impedir el paso de insectos.

revolución: levantamiento para derrocar al gobierno.

terremoto: temblor del suelo debido al movimiento de la corteza terrestre.

PARA MÁS INFORMACIÓN

Libros

Currie, Stephen. *The Panama Canal.* San Diego, CA: ReferencePoint Press, 2015.

LaPierre, Yvette. *Engineering the Panama Canal.* Minneapolis, MN: Core Library, 2018.

Sitios de internet

Cómo funciona

www.pancanal.com/eng/general/howitworks/

Mira el vídeo que explica el funcionamiento del canal.

Historia de Estados Unidos: el canal de Panamá

www.ducksters.com/history/us_1900s/panama_canal.php

Lee una breve historia sobre el canal.

Nota del editor para educadores y padres: nuestro personal especializado ha revisado cuidadosamente estos sitios de internet para asegurarse de que son apropiados para los estudiantes. Muchos sitios de internet cambian con frecuencia, por lo que no podemos garantizar que posteriores contenidos que se suban a esas páginas cumplan con nuestros estándares de calidad y valor educativo. Tengan presente que se debe supervisar cuidadosamente a los estudiantes siempre que tengan acceso al internet.

ÍNDICE